VOVÓ, MAMÃE COM AÇÚCAR

VOVÓ, MAMÃE COM AÇÚCAR

Texto: Gabriela Nascimento Spada e Souza

Copyright© 2002 Editora Original

PRODUÇÃO EDITORIAL
Paulo Sérgio Primati

TEXTO
Gabriela Nascimento Spada e Souza

FOTO DA CAPA
Stock Photos

Dados Internacionais de Catalogação na Publicação (CIP)
(Câmara Brasileira do Livro, SP, Brasil)

Souza, Gabriela Nascimento Spada e
Vovó, mamãe com açúcar / Gabriela Nascimento Spada e Souza.
– São Paulo: Editora Original, 2002.

1. Avós e netos I. Título

02-3183   CDD-306.8745

Índices para catálogo sistemático:
1. Avós e netos: Relações familiares: Sociologia 306.8745

2003

Todos os direitos reservados à
Editora Original
Rua Purpurina, 412 – 05435-030 – São Paulo -SP
PABX: 3032-4511 e-mail: ed.original@terra.com.br

*Às minhas queridas vovós 'Melinha'
e 'Dora', por terem me ensinado
tanto sobre a doçura do amor.
Para minha bisa 'Pina', que guardo
carinhosamente no meu coração,
e que me deu as melhores lembranças e
referências para escrever este livro.
E à minha outra bisa – 'Régi' – que, apesar
do pouco tempo juntas, me fez os melhores
cafunés de que tenho lembrança!
Para os meus pais, Nia e Moa, sempre
presentes nos meus devaneios.
E ao Maurício, pelo carinho de sempre.*

"Se Deus quisesse que os homens seguissem receitas, Ele não nos daria as avós"

Linda Henley

Querida vovó,

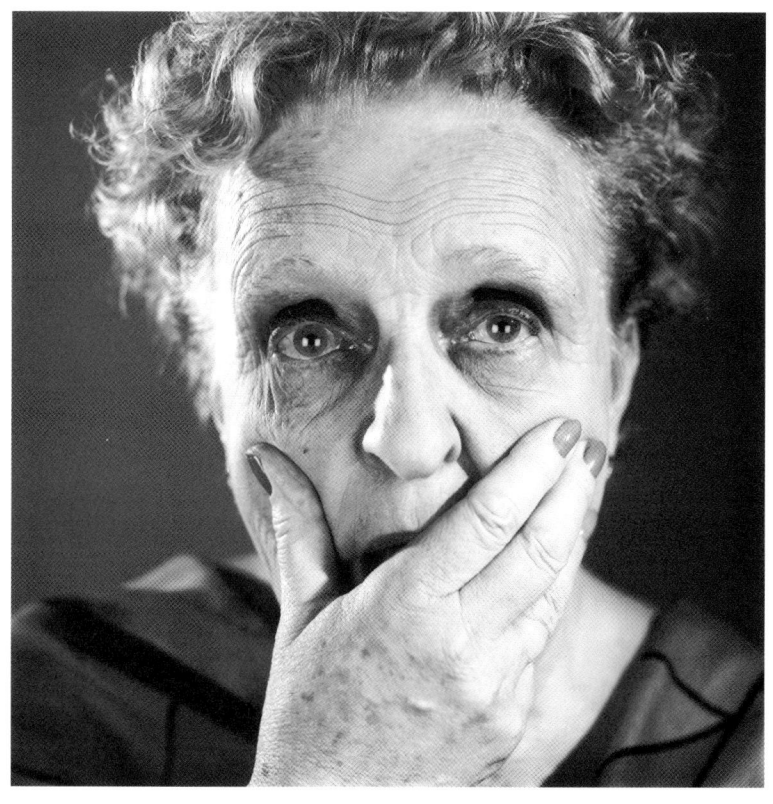

Você se lembra da surpresa que foi quando
todos souberam que eu chegaria?

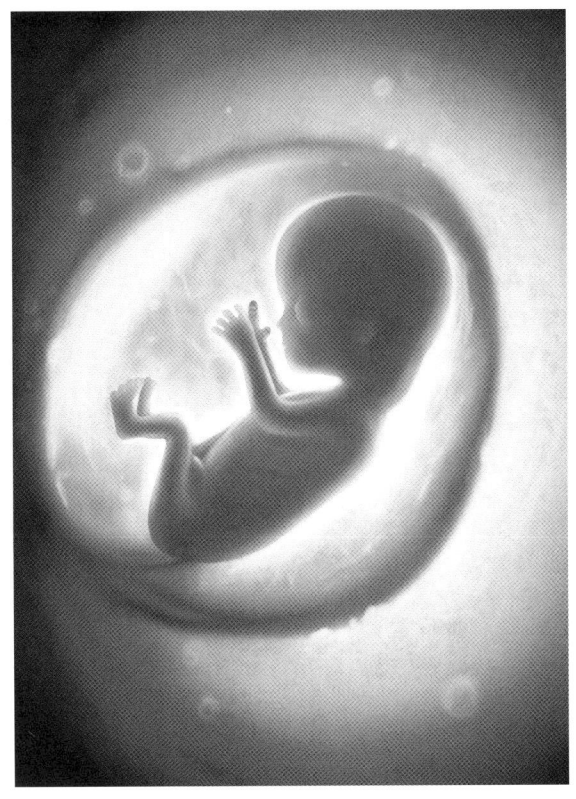

Pois é, desde aquele dia, eu já queria te abraçar,
mas o mundo era tão apertado!

De repente, tudo ficou grande e o meu abraço
não foi assim do jeito que eu queria...

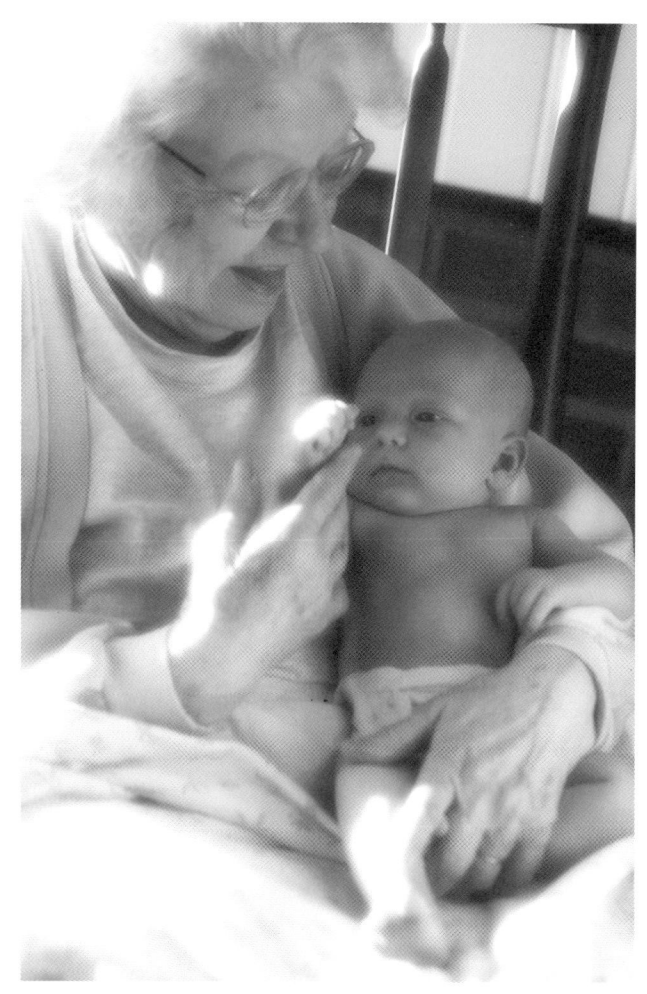

O tempo passa e você sempre
me faz companhia.

A gente faz um montão de coisas juntos.
Tem os almoços de família aos domingos.

Tem os aniversários. Aliás, vovó, você tem um fôlego! Os seus bolos de aniversário sempre vêm com uma porção de velinhas.

Você se lembra daquele Natal
em que o Papai Noel trouxe todos
os presentes da minha lista?

Também teve aquela viagem que fizemos juntos.
Eu conheci vários lugares bonitos.

Mas o melhor é quando a gente
toma banho de banheira. E a mamãe nem fica
sabendo o que a gente apronta!

23

Ou então quando vocês resolvem que
o meu aniversário chegou antes.

E sabe o que é legal em você, vovó?
Você não trabalha.

Sobra mais tempo pra gente jogar bola.

Para nossas brincadeiras.

Você tem mais paciência e está sempre contando histórias divertidas.

Eu aprendo cada coisa com você: já sei cozinhar
(meu último biscoito queimou, mas esse não conta).

Você está sempre pronta para ajudar a superar meus medos.

Na sua casa, aparece um monte de gente nova
(quer dizer velha, ah! sei lá, gente diferente...)

Você me ensina a usar a imaginação,
a criar um monte de coisas bonitas e a
receber muitos aplausos.

Com você é mais fácil perceber
que a simplicidade e a beleza podem fazer
parte de uma mesma coisa.

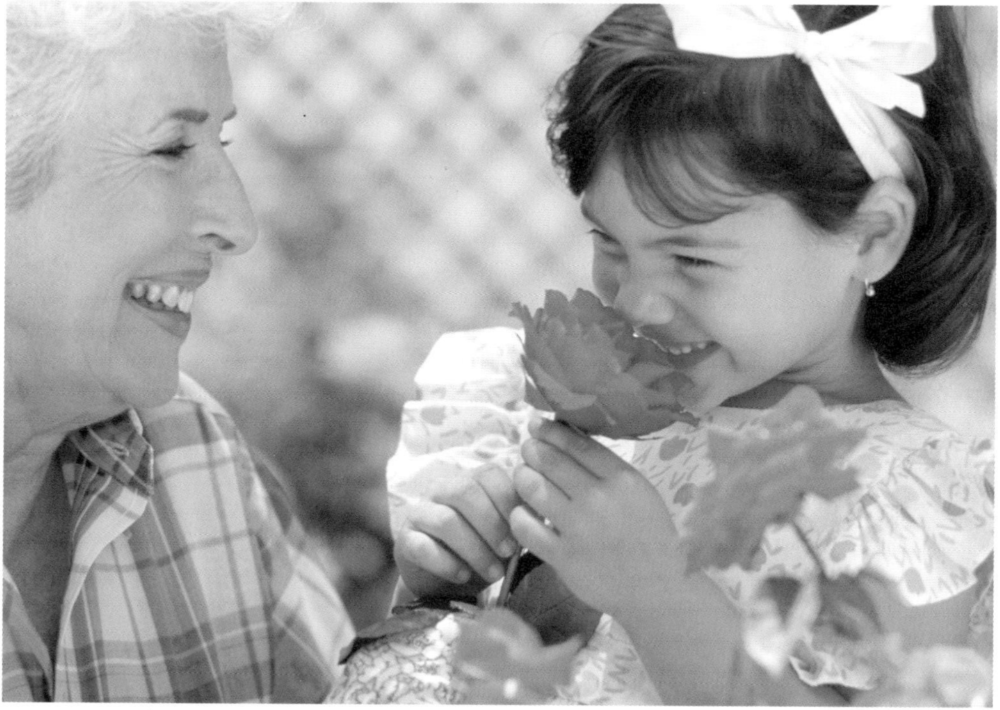

Seu colo é tão macio, gostoso, aconchegante... Vai ver que é por isso que dizem que uma avó vale por duas mães.

Mas você também quer aprender comigo. Lembra o meu primeiro videogame? Dei uma "lavada" em você.

E quando você me surpreende
se interessando pelas mesmas coisas
que eu? É uma curtição!

41

Descobrimos como enganar
o gosto ruim dos remédios.

São tantos momentos, né, vovó?
Mesmo quando eu não estou por perto,
dou um jeitinho de mandar notícias.

Quando eu apareço de novo, sempre encontro
o chamego carinhoso da vovó. (Eu é que não sou louco
de recusar seus mimos, seus afagos... Huuum!)

45

46

Para você, as coisas sempre são fáceis
e você topa qualquer coisa. Não há nada que
seja maior que o seu coração.

Pois é, vovó...
É assim que eu continuo te vendo até hoje:
legal, corajosa, inteligente, bonita, cheia de vida.

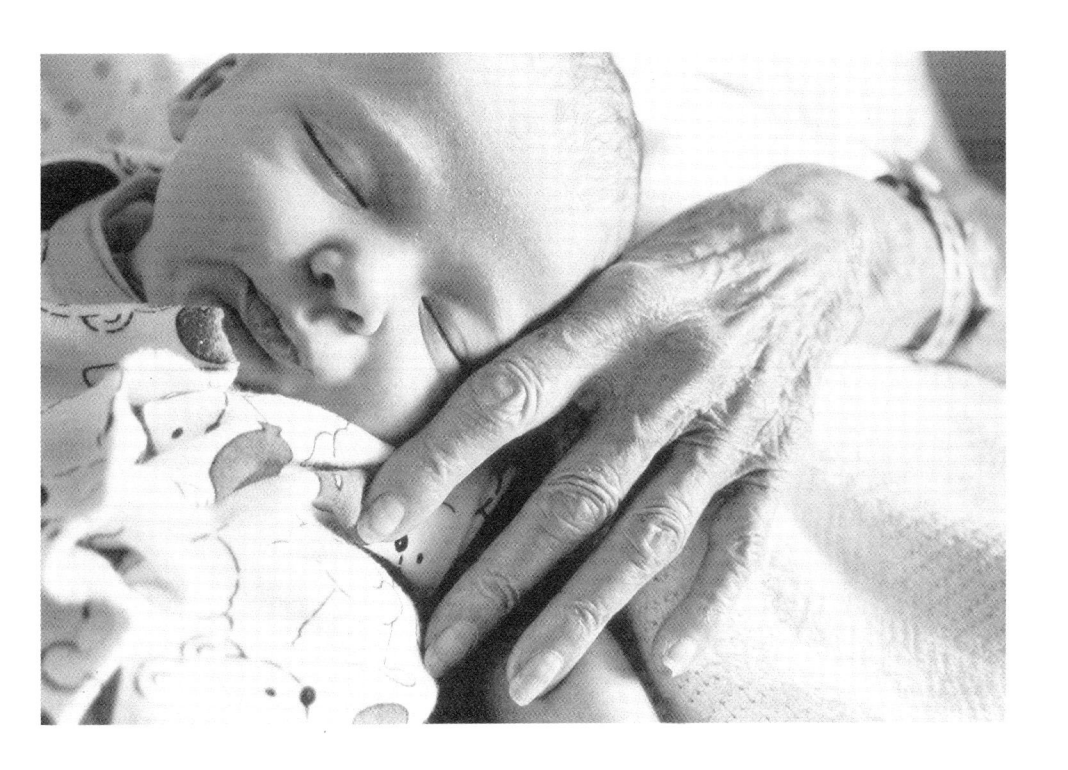

Aquela avozinha carinhosa, que me embalava
em seu colo, está viva dentro de mim.

É esse doce de pessoa que me inspira ter
uma vida tão gostosa, recheada de boas lembranças,
coberta com muito carinho.

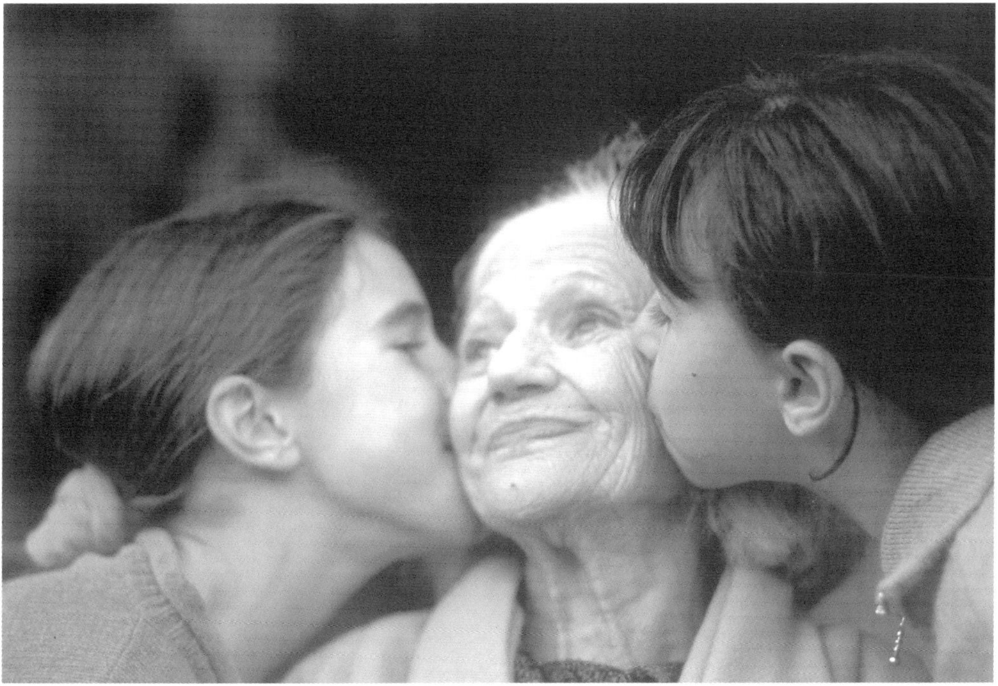

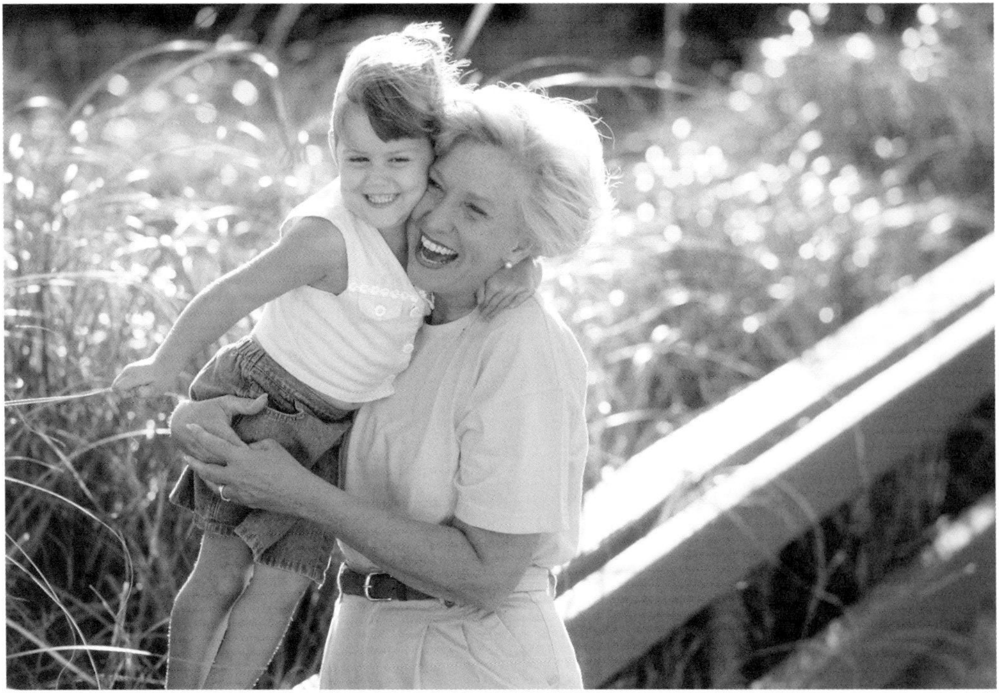

Hoje estou aqui, não só para te trazer
aquele abraço com que tanto sonhei...

54

Mas para te dizer do fundo do meu coração:
Vovó, você é demais!

PS.: E então, vovó?
Você me perdoa pela bagunça?

57

Confira também outros lançamentos de sucesso da Editora Original:

EU TE AMO! traz três ingredientes simples: fotos encantadoras, um bom texto e, claro, um tema agradável. O amor é o pontapé inicial de tudo. Da vida, da família, dos casais, dos amigos... Aqui, você vai viver e reviver emoções, imaginar e sonhar o amor inesquecível, suspirar e se inspirar. São fotos e versos que ganham vida e traduzem nossas almas.

VIVA FELIZ! apresenta maneiras de descomplicar a vida e de como transformar as pequenas coisas do dia-a-dia em instantes de pura felicidade. Um livro repleto de imagens de bebês e crianças, com fotos cativantes e conselhos verdadeiros que revelam como viver é baba!

A Original é um selo de livros motivacionais da Panda Books.

Conheça outros títulos nessa linha:

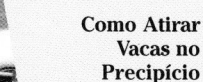

Guia Zen de São Paulo

Como Atirar Vacas no Precipício

CRÉDITOS DAS FOTOS

Getty Images
Páginas: 11; 12; 13; 14; 16; 17; 18; 21; 23; 24; 25; 26; 28; 29; 30; 31; 33; 34; 37; 41; 43; 45; 46; 49; 54; 57.

Stock Photos
Páginas: 38; 39; 42; 48; 51; 52.

Impressão e Acabamento
GEOGRÁFICA editora